SUDOKU

SIRIUS

SIRIUS

This edition published in 2022 by Sirius Publishing, a division of
Arcturus Publishing Limited,
26/27 Bickels Yard, 151–153 Bermondsey Street,
London SE1 3HA

ISBN: 978-1-3988-1965-8
AD010778NT

Printed in China

Contents

An Introduction to Sudoku

Each puzzle begins with a grid in which some numbers are already placed:

	9	6			8		3	
		1		4	2			
5						8	1	9
4		7	1	2				3
		8	7		6	5		
2				9	4	6		1
8	7	2						5
			3	5		1		
	3		2			4	6	

You need to work out where the other numbers might fit. The numbers used in a sudoku puzzle are 1, 2, 3, 4, 5, 6, 7, 8 and 9 (0 is never used).

For example, in the top left box the number cannot be 9, 6, 8 or 3 (these numbers are already in the top row); nor 5, 4 or 2 (these numbers vare already in the far left column); nor 1 (this number is already in the top left box of nine squares), so the number in the top left square is 7, since that is the only possible remaining number.

A completed puzzle is one where every row, every column and every box contains nine different numbers:

Column

Row →

Box →

7	9	6	5	1	8	2	3	4
3	8	1	9	4	2	7	5	6
5	2	4	6	7	3	8	1	9
4	6	7	1	2	5	9	8	3
9	1	8	7	3	6	5	4	2
2	5	3	8	9	4	6	7	1
8	7	2	4	6	1	3	9	5
6	4	9	3	5	7	1	2	8
1	3	5	2	8	9	4	6	7

★ **1**

7		9	5	8			6	
	4	1	9			8		2
6					7		5	3
2	6	8	3	9				
	7			5			1	
				2	4	3	8	6
8	2		1					5
9		7			3	4	2	
	1			4	5	7		8

2 ★

8				9	3	1	6	
	3	4	7	2			8	
9					8			4
	5	7	1		6	2	9	
2				5				3
	9	8	2		4	6	5	
1			9					6
	2			8	5	4	1	
	4	9	6	1				7

★ 3

	4					1		6
3	2			4		8	7	
			5	9	8			2
5	6	3	1		9			4
		1	8	7	5	2		
7			3		4	5	1	9
9			2	8	3			
	5	8		1			4	7
1		6					2	

4 ★

		6			7		9	
1	9	5			4	7		6
3			6	8	9			1
		9	8		3		5	
2		4		6		3		8
	8		7		2	6		
4			3	2	6			7
9		1	5			2	3	4
	3		4			8		

★ 5

		5			7	9		1
7	8	3	4			2	6	
				6	5			4
3	1			7	4		5	
8		4	9		3	1		6
	7		1	2			4	9
4			7	1				
	6	7			9	4	2	8
9		2	8			5		

6 ★

	3		1			5	4	7
		6		8	4	3	9	
	7	2		3				8
		4		2	8			5
2	9			5			8	6
5			3	9		4		
3				7		6	1	
	8	1	5	4		2		
9	4	7			6		5	

★ **7**

	8	9		5				7
	3	2			9		1	6
5		4	2	6			8	
	9		5			6		
3	5		1	2	8		9	4
		7			3		2	
	7			1	2	8		3
1	6		9			4	7	
4				8		9	5	

8 ★

7	2		6		9			
	9	8	1	5	3			
	5			7		6	9	1
3			4		8	7		
2	6			1			4	8
		9	2		7			3
1	3	4		2			5	
			9	8	1	2	3	
			5		4		7	6

★ **9**

4		1			5	6		3
	9			2	6	5		7
6			9		3	2		
	3			7	2		4	
1	8			9			7	2
	7		1	3			6	
		5	8		1			9
7		2	3	4			5	
9		8	2			4		1

10 ★

1		3	2	4		6		5
	7				5	1		9
			7		9		3	
6		9	5		3	2		7
	8			2			6	
5		2	1		6	9		4
	1		4		2			
3		5	8				4	
9		4		6	7	8		1

9			3	2				
3				4		1	2	6
7					1			
	7	9	8		5	3	1	
2		8				6		5
	6	1	7		2	9	4	
			5					4
6	5	3		7				1
				8	3			9

12 ★★

5			3	7		4		9
4					9	1	8	
	6				4	7		
		1		8			3	4
	8		6		1		2	
6	9			2		5		
		3	8				9	
	7	6	1					5
2		9		3	6			1

★ ★ 13

2			9			6		4
		3	8		4			2
5		9	7	6				
	5		4	7			1	
4	8						5	9
	7			5	9		6	
				9	1	3		5
1			2		7	9		
6		4			3			7

14 ★★

	8		6			4		9
		3	2					5
	6			5	9		1	3
8				1		3	9	
		1	9		6	2		
	7	5		2				6
7	3		5	4			8	
4					7	9		
6		2			3		7	

★ ★ **15**

			6			7	5	3
9				1	7	4		8
2		5		8			1	
				2	1		3	
	2	4				1	9	
	3		8	4				
	8			5		6		9
6		1	3	7				2
5	4	7			9			

16 ★★

6	3				7			1
	1		3	8		9		
5			9			2	4	
			6	9		8	1	5
	2						7	
1	8	6		5	4			
	5	4			6			9
		7		4	3		2	
3			2				5	8

★ ★ **17**

8					6	9		1
		4		2	5		8	
6	3	1	9					
5				7		1	4	
3			2		4			5
	6	8		1				7
					1	7	5	8
	7		8	4		3		
9		6	7					2

18 ★★

	6				2		4	
9	5	4				2	7	6
3				6	9			8
	9		6					1
		5	3		4	7		
2					8		5	
5			7	1				2
7	1	9				4	3	5
	3		9				8	

★★ **19**

		9	2				8	
	4	1	3					2
3		2		9	5			7
2	5			4		1		
	6		1		8		4	
		7		6			3	8
1			8	5		3		6
7					1	8	9	
	3				4	5		

20 ★★

6	8		1	4		7		
			5			2		9
	5	7	6				8	
	9		2			5		8
1			7		3			2
8		3			5		4	
	6				7	3	1	
3		4			1			
		2		9	6		7	4

★ ★ 21

3	6		7		9		5	1
	5		8		2		7	
		7		6		4		
		6	2	7	4	3		
2	8						9	7
		3	9	8	6	2		
		5		2		1		
	2		6		7		4	
6	4		1		3		2	8

1			9		4		2	
		8		5				4
2	5		7		1		3	
6		1	8				9	
	4			7			5	
	7				2	4		3
	8		1		7		4	6
9				3		2		
	2		5		6			8

★★ 23

	3				5	7		4
		9			2			6
	5		4	6			8	9
	1	6		2				5
		8	5		4	2		
3				8		9	4	
1	9			7	6		3	
7			1			4		
5		2	9				1	

24 ★★

		9		4		1		
8		2		7		3		4
	1		2		6		8	
5		1	7		2	4		9
	2		9		4		5	
4		6	5		8	7		2
	3		6		5		4	
2		8		9		5		3
		5		2		6		

★ ★

25

5	2	9	4					
8					5	4		9
		3		1	6		8	
	5	8		9				7
2			1		3			6
6				7		9	3	
	7		8	3		2		
4		5	7					1
					9	7	6	8

26 ★★

		2			1	9	4	
6	8				9			
	4			5	3	2		1
2	9				8	6		
8			7		4			3
		5	9				7	2
5		4	1	6			8	
			3				5	7
	7	3	4			1		

★★ **27**

	1		8			9		
3		6	2			4		8
8			1	4	7			5
		3			1		2	
4		8				1		9
	9		5			7		
1			7	9	3			6
6		2			8	5		7
		7			5		3	

28 ★★

		3		6		5		
8			7		1			3
	6	2		9		7	8	
	7	9	4		8	1	6	
4			5		6			7
	5	6	9		7	3	4	
	2	4		5		8	7	
6			1		4			2
		1		7		4		

★ ★ **29**

		2				3		1
	6	4	1	5				9
7			8		9			5
	9	5		4	8			
	8		9		2		7	
			6	1		9	3	
2			3		6			7
5				7	4	8	6	
6		3				4		

30

★ ★

8			6	3		1		
9	7				8		6	
	2		5			3		9
			3	9		5	4	7
1								8
4	9	7		2	5			
3		8			2		9	
	4		1				5	6
		2		7	6			4

★ ★

31

3				8	5		4	
	7	1			3	9		
			6			5	3	2
		2		3			6	8
		4	8		9	2		
7	5			6		3		
4	6	7			1			
		5	7			6	1	
	8		2	9				5

32 ★★

	5		7				8	
8	2	6				5	9	7
		4	6	5		3		
	6				5	1		
2			8		4			9
		7	3				2	
		2		1	9	7		
6	1	9				2	4	8
	4				6		3	

	9			5	1		6	3
8			2					
	1	7		3		9	4	
9	4	8	5			1		
		3				6		
		1			9	5	2	4
	7	5		6		4	8	
					3			5
1	2		8	4			7	

34 ★★

	4	6		1		8	3	
		8	6	4		7		2
3					5			
	2		3			4	6	9
	1						5	
4	3	7			9		2	
			7					6
5		1		3	2	9		
	9	4		5		2	8	

★ ★ **35**

	2		1		3		9	
9		3		5		7		6
		1		6		3		
6		4	3		7	1		2
	3		5		2		6	
5		2	4		6	8		3
		8		2		5		
2		9		4		6		7
	7		6		1		8	

36 ★★

5			6	9		8	2	
9			7		5			1
6		4				3		
				8	7	9	5	
	1		5		3		7	
	4	5	2	6				
		8				4		2
1			4		2			3
	2	7		1	8			9

★ ★

37

	4	8	1	6		7		
					7			4
7					8	9	3	
	7	5			4	2	9	
6				2				8
	1	2	3			5	6	
	5	4	9					1
3			5					
		6		7	2	3	4	

38 ★★

	5		4		2		8	
		7		8		1		
9	8		7		3		5	4
		8	6	9	4	3		
2	6						9	8
		3	8	2	5	4		
7	1		2		6		4	3
		5		4		2		
	2		9		8		1	

★ ★ **39**

7		8		3			1	
					2	9	8	5
4			9	1		6		3
	5			6	3			
	7	6				1	4	
			1	7			5	
2		1		9	5			7
8	6	9	4					
	3			8		2		4

40 ★★

	4		8			7		3
	1	7			6		5	
		6	5	3				2
1	7	9		4	8			
		2				6		
			3	7		1	9	8
4				1	5	9		
	9		2			5	8	
6		3			4		7	

★ ★ ★

41

					3		8	
		2	5	7		3		
		6				7		
9		5		8				
6		4	7		1	8		9
				6		2		1
		9				1		
		7		3	5	4		
	5		6					

42

★★★

	9	4				3	6	
5		3				8		7
			6		9			
2			3		7			5
			9		4			
8			2		1			6
			8		5			
6		8				1		4
	1	5				7	8	

★ ★ ★ **43**

1				3				
	8	4	1		9			
	3	2			4			
	6	9	7		3	1	8	
8								2
	2	7	8		5	9	4	
			4			5	9	
			5		1	6	2	
				9				8

44 ★★★

7		5	3		4	6		2
			2	7	5			
1								7
5		2	4		6	9		8
		4				2		
6		9	8		7	4		5
3								6
			6	4	9			
9		6	1		3	7		4

★ ★ ★

45

	9		8	2	6		5	
	2	5	7		1	9	8	
2	4		1		8		3	9
5								8
7	8		5		9		4	6
	5	3	9		7	4	6	
	7		6	8	2		9	

46 ★★★

	5	2	8		3	9	7	
			5	2	9			
		1				2		
	9	5	7		8	4	6	
	8						9	
	6	7	2		4	5	8	
		3				7		
			6	8	7			
	7	6	3		1	8	2	

★ ★ ★

47

	8		4		3		7	
		7		1		2		
5								8
8		9	1		4	5		2
			5		2			
3		2	9		7	4		1
9								3
		4		5		6		
	6		3		9		2	

48 ★★★

9				8		5		
	3						6	2
2		7			6		1	
	5	1	4					
					8	2	4	
	7		1			4		3
5	6						2	
		4		7				9

★ ★ ★

49

3			2					8
	6	2						
	7	1	4	3				
					8			6
	3			1			5	
2			9					
				5	1	7	3	
						2	1	
9					4			5

9				3				1
			8	4	5			
4	2		9		1		3	5
	3						2	
1								9
	7						6	
3	8		2		9		5	7
			6	7	3			
6				8				2

★ ★ ★ **51**

	7		2					
	2	8		5				
			7		3			6
3	1				6			
	5			7			9	
			4				7	1
4			8		7			
				9		7	5	
					4		2	

52 ★★★

6		7		8		3		9
		9	6		7	1		
4								6
			9		4			
2								7
			7		8			
3								2
		1	3		2	8		
7		5		9		4		1

★ ★ ★

53

	3	4				8	7	
1		8		9		2		6
	9		6		5		8	
		7				5		
	1		7		8		2	
9		3		8		7		2
	5	6				1	3	

54 ★★★

		6	2		9	8		
1								4
5		7				9		6
	1		3	5	4		6	
	8		7	1	2		9	
7		9				4		3
8								9
		3	6		8	5		

3	9			8			2	1
		1				5		
2			3		1			4
	7			5			1	
			6		9			
	1			7			8	
4			1		7			9
		9				6		
7	3			4			5	8

56 ★★★

	2			6		1	8	7
	8			2	5			
	9		7					
		5						6
	7	9				3	4	
8						5		
					4		6	
			8	3			5	
4	5	1		9			2	

★ ★ ★

57

	3	8				6	5	
2			8		3			7
7								4
		7		6		5		
6			4		5			9
		4		9		1		
5								1
1			3		2			8
	4	9				2	3	

58 ★ ★ ★

		6					4	8
1			5				2	
	2	7	6			3		
	5		1					
2								9
					9		7	
		4			1	7	5	
	1				4			6
8	3					4		

★ ★ ★

59

	5		2		6		9	
				3				
		8	9		5	6		
	8	9	1		3	5	7	
7				8				3
	1	3	7		2	9	4	
		1	5		7	4		
				4				
	7		6		1		2	

60

★ ★ ★

				1	3			
		6						
5	4			6	2		3	7
8				4		9		
4			6		9			5
		5		3				8
2	9		8	7			1	4
						8		
			1	9				

		4			9			
1								8
6			4	5				2
				9			8	7
2	9		8		6		1	3
4	1			3				
7				6	4			5
9								6
			5			3		

62 ★★★

		1				8		5
		9			1	3		4
6				8	7			
9			1					
4	2						1	3
					5			2
			8	1				7
8		4	5			2		
7		2				1		

★ ★ ★

63

		5	6		8	2		
	9			3			5	
4			7		1			3
	5	1				6	8	
6								4
	7	4				9	3	
3			2		6			5
	1			7			2	
		8	5		3	4		

64 ★★★

				2			7	5
		6	3		1			
			7				3	
					6	1	9	
	8			3			2	
	3	9	4					
	7				4			
			5		3	4		
3	2			8				

★ ★ ★ **65**

	6		3		5		4	
		9	6		7	3		
				1				
	7	2	9		1	4	5	
6				8				1
	5	4	7		2	9	3	
				7				
		7	2		8	5		
	2		1		3		8	

66 ★★★

	4	8	7		9			
	7	2	5		1			
6				8				
		6	8		5	3	2	
4								1
	2	1	3		4	6		
				7				8
			1		6	9	3	
			2		8	7	1	

★ ★ ★ **67**

	1	3				2	8	
			1		9			
8	9						6	1
		1	4		8	3		
			5		2			
		4	7		6	9		
5	2						7	3
			3		5			
	7	9				6	1	

68 ★★★

1			5					2
			7	2		4	9	
						7	8	
8					1			
		4		7		2		
			6					3
	8	3						
	7	9		4	5			
4					8			6

★ ★ ★ 69

		5				8		
	2		5		1		7	
4			6		9			3
1		9	7		2	3		6
8		3	9		5	4		7
5			8		6			2
	4		1		7		3	
		6				1		

5			6		1			8
6								9
	2	7		4		3	1	
		9		6		8		
			5		4			
		3		2		9		
	7	8		5		1	6	
9								2
3			7		2			4

★ ★ ★

71

6								3
	4			9			7	
		8	3		6	4		
1	7		5		3		8	6
			8		9			
8	9		7		1		3	2
		5	6		7	2		
	8			1			5	
2								9

72 ★★★

5				3		2		
	7						4	8
9		2			6		3	
	2	7	1					
					2	6	8	
	6		4			3		7
7	4						9	
		8		1				5

★ ★ ★

73

5			1		3			6
	8						5	
		7	9		5	4		
	4		8	5	1		2	
9								3
	1		2	3	9		4	
		3	4		7	2		
	7						6	
8			5		2			1

74 ★★★

			2	5	3			
		3		7		6		
7		2	8		6	5		4
5								3
		1				8		
2								6
6		9	1		8	4		2
		8		2		1		
			4	9	7			

★ ★ ★ **75**

9		1	8		3	6		5
			5	9	2			
3				6				8
		4				7		
8								3
		6				1		
7				2				1
			6	4	7			
6		2	3		1	5		4

76 ★★★

		3	7		5	2		
5								7
	9			8			3	
4	5		6		9		8	2
			8		2			
7	2		5		1		9	6
	1			6			2	
8								4
		4	9		7	1		

	3			7		6	9	4
	1				6			
	9		8	5				
		1						9
5	6						2	7
9						8		
				3	9		8	
			2				7	
4	8	2		1			3	

78 ★★★

							6	8
				1			5	2
		4	3			1		
			4			9	2	
	5			2			1	
	9	8			7			
		5			8	7		
3	6			5				
8	2							

★ ★ ★

79

			8	5	2			
3				6				1
8		6	3		1	4		5
		4				6		
1								3
		7				9		
9		8	1		4	2		6
4				2				7
			6	9	7			

80 ★★★

				9	4	3		7
								6
	8				5			
	3	8			2		5	
1				3				9
	6		8			7	3	
			4				2	
3								
9		7	3	1				

★ ★ ★

81

	1			8		6	2	7
	3		6					
	5			7	1			
3						1		
	7	9				2	4	
		6						8
			1	9			5	
					4		8	
4	2	1		3			6	

82 ★★★

			7		4	3	6	
			5		9	8	7	
				3				2
		2	1		6	9	8	
9								6
	8	1	3		5	2		
3				7				
	1	4	9		2			
	9	7	8		3			

2			1		6			5
	1						9	
7	5			8			1	6
			5		9			
	6						3	
			6		8			
9	2			5			6	4
	3						7	
8			7		3			2

84 ★★★

	3		7		4		9	
		1	9		5	7		
				3				
	4	7	2		9	6	8	
2				6				7
	8	3	1		7	9	2	
				2				
		8	5		1	4		
	5		4		8		6	

★ ★ ★

85

2		9				3		7
				2				
4		5		9	3		1	
	5	8			7			
	7						5	
			8			7	4	
	4		2	6		9		8
				7				
7		2				6		5

86 ★★★

	7		9					
	2			5		8	3	9
	3			2	4			
		4						5
	9	7				6	1	
3						4		
			3	6			4	
1	4	8		7			2	
					1		5	

★ ★ ★ **87**

5	7						8	2
4			5		2			9
		9				3		
	6			3			5	
2			9		1			7
	5			8			1	
		5				8		
8			1		5			6
6	4						7	1

88 ★★★

7	6	8		3		4		
				5	9	8		
			7			2		
	8							2
	3	1				7	5	
9							8	
		3			1			
		9	8	4				
		4		2		9	6	1

★ ★ ★ **89**

	3			5				1
		8				6	7	
9	7				6	2		
					5	4		7
2		1	4					
		9	2				8	4
	1	6				7		
4				9			3	

90 ★★★

	8						3	
	3		6		4		1	
7		5				6		4
		2		9		8		
	9		8		7		5	
		7		5		3		
4		1				9		8
	6		4		1		2	
	2						7	

★ ★ ★ **91**

5								7
	7		9		4		2	
		2		6		1		
4		1	3		2	9		6
			5		1			
7		3	6		9	5		1
		9		5		8		
	8		4		3		1	
3								4

92 ★★★

7		1						
8		2	3	9				
	9		7				4	
	7		6					
		9		8		5		
					4		1	
	6				3		5	
				5	8	9		2
						8		7

★ ★ ★ **93**

	2			9			5	
		1	4		2	6		
7			1		8			4
	8	9				1	3	
5								8
	4	6				5	9	
1			6		5			3
		3	9		7	2		
	5			2			1	

94 ★ ★ ★

3		2						7
	6			1		4		
5					3	2	8	
9	2				1			
			9				5	6
	9	7	5					8
		4		8			9	
2						6		3

★ ★ ★ **95**

		5		1		4		
	2		9		6		7	
9			5		8			6
	8	7				9	4	
2								8
	3	6				1	2	
6			1		4			2
	5		8		7		9	
		9		6		3		

96 ★★★

	9	8		1		5	3	
5		2				6		4
1			4		6			3
		4				8		
9			1		8			2
8		1				7		5
	6	9		3		1	2	

8			6			3		4
	1	5						8
		6	8				2	
			9			4		
	7						9	
		3			6			
	6				3	7		
2						8	1	
4		7			2			5

98 ★★★

	8						1	
	2		5		9		8	
9		5				3		7
		8		3		7		
	3		1		7		6	
		1		6		4		
1		6				2		9
	4		9		2		5	
	7						4	

		7	8					
				6			1	4
9							3	
6			7			8		
7	9			3			6	2
		5			2			1
	1							5
3	6			9				
					4	2		

100 ★★★

		7	9		2	5		
				5				
2			6		1			9
7		4	3		6	9		5
	6			2			8	
1		3	5		9	4		7
4			1		7			8
				6				
		1	8		5	3		

	2	8		9		1	5	
		1	4		2	3		
4		2				9		7
8	7						3	6
3		9				5		1
		7	8		3	2		
	4	3		5		6	9	

102

★★★

	5		7				2	9
	3						5	6
6			9	3				
5					7			
1		3				5		2
			3					4
				9	6			8
7	9						3	
2	1				3		4	

8	9			2	7		3	6
				9	3			
						7		
7				6		9		
6			9		5			4
		4		1				7
		5						
			1	3				
4	6		8	5			1	2

2				8				4
	1		3		2		5	
		7	5		1	9		
5		6				7		8
	7						3	
9		3				4		1
		2	9		3	1		
	5		4		8		7	
1				5				6

				9	2	4		
1		5			8			7
9		6						8
		3			6			
	8	1				5	3	
			8			7		
8						2		3
3			6			9		5
		2	9	8				

106 ★★★

	8	1				5	4	
		2				3		
	5		9		4		7	
7			8	2	9			4
2			6	1	3			5
	6		5		7		1	
		7				4		
	4	8				6	3	

6				2	7			1
			1				4	
9								2
				9		8		6
5		9	8		2	3		4
7		3		4				
3								8
	7				9			
2			7	1				5

108 ★★★

8		7	5	3		1		2
	3							
			2	6				
	7			2		4		
		8	9		3	7		
		4		8			9	
				9	6			
							4	
9		5		1	4	8		6

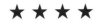

★★★★ **109**

				1		5	2	
	1	2			6			
5		3			8			4
6		5					1	
	4					8		6
2			9			4		3
			7			9	8	
	8	4		5				

110 ★★★★

8		4		6		3		
			3				1	5
1			4					
9			5				4	2
	7						3	
3	4				6			1
					2			4
7	6				9			
		9		5		8		6

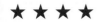

★ ★ ★ ★

111

6					4			
	3					5		
		9		3		7	1	
			3		8			2
		7		5		3		
9			6		7			
	5	1		7		2		
		2					4	
			9					8

112

★★★★

9						5		
			4	1	7			
					8			
							8	1
4				3				2
5	6							
			5					
			6	2	9			
		1						7

5			3					2
	8		5					1
						3	5	
	4	1			8			9
			2		4			
9			1			4	3	
	5	8						
2					6		1	
7					3			4

114 ★★★★

					4		5	7
	9							
			8	9			4	
		1		8				2
9			6		5			3
2				3		7		
	5			6	1			
							3	
6	4		3					

	1			8				6
					4		7	
		3			9	8	5	
1	3		5					
		8				1		
					6		2	7
	2	1	9			6		
	6		2					
5				3			4	

116 ★★★★

8						3		
		4		9		7		2
	1		4					
	5		9		6			
		8		3		9		
			1		8		4	
					2		6	
3		9		8		2		
		7						5

★ ★ ★ ★

117

	7	1			9			
						9		
		5	4	7				
4				2			8	
	3		5		7		9	
	8			9				6
				3	2	1		
		3						
			1			5	6	

			8				5	
9					2	6		7
		5	1				9	
4		9		6	8			
			5	1		3		4
	9				4	8		
6		8	2					1
	4				1			

★ ★ ★ ★

119

		7		3				4
	8	2				5		
	4				9			
5				4				2
			9		1			
6				8				1
			1				9	
		3				8	2	
4				5		7		

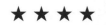

120 ★★★★

			2	6			3	
					3	5	8	
	6							
9				2		7		
		6	1		8	4		
		7		4				5
							4	
	3	1	4					
	8			1	9			

			2					
			5	3				4
1								
	2	5					3	
	8			9			1	
	4					6	7	
								5
7				8	1			
					6			

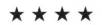

122 ★★★★

		9		6		5	3	
	1					9		
8			4					
9			2		8			
		2		3		6		
			7		6			4
					1			7
		3					2	
	5	6		2		4		

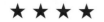

★ ★ ★ ★ **123**

	2			7				
	4	7	8					
6	5							
8					5	2		1
		9	3		4	6		
7		2	6					4
							6	9
					3	4	1	
				1			5	

124 ★★★★

4				9			1	
	8		7					
	7	3	5			8		
					8		7	2
		6				3		
3	9		4					
		9			5	6	4	
					1		2	
	3			6				8

★ ★ ★ ★ **125**

		6	1			5	8	
	4			5				2
			3				7	
			2				9	7
		5				4		
4	6				8			
	2				9			
8				6			3	
	9	4			1	2		

126 ★★★★

					6			
			7	1	5			
		8					3	
4		3						
		1		2		9		
						6		5
	6					7		
			8	3	9			
			4					

9	4					1		
					2			
2			5	1				
4				9			3	
	8		7		1		6	
	7			6				1
				8	5			6
			3					
		8					9	4

128 ★★★★

			1					8
	7			6		5		
		3				9		2
	4			9			1	
			8		1			
	6			7			2	
9		2				6		
		5		3			7	
7					8			

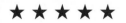

★ ★ ★ ★ ★ **129**

					4	2		
4	5							9
1	3			6				
		4			2			
	6			5			9	
			8			7		
				9			6	5
7							3	4
		8	1					

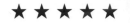

130 ★★★★★

		1	7		3			
				8				
	9					4		2
	4							
3				6				8
							1	
2		6					7	
				1				
			9		4	5		

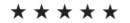

★★★★★ 131

	7					6	2	
9		6						
			8		7			9
			6	1		5		
6	3						9	2
		2		5	3			
8			4		5			
						9		3
	4	3					5	

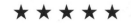

132

★★★★★

7		2			1	8		
4			3				9	
		8				2		
			8	4				1
		3				4		
6				9	7			
		5				7		
	6				2			8
		1	5			6		3

	5	7		1			2	
					2		3	4
	6							
8					4			
	1			7			5	
			9					3
							7	
9	2		3					
	3			5		2	6	

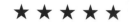

134 ★★★★★

3					9	7		
		1			6			2
			2				8	
4			1					5
		3	5		7	2		
6					2			9
	8				1			
2			9			6		
		9	6					4

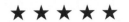

★ ★ ★ ★ ★ **135**

4	1			8				
	9							
			3			2		
			8		5	7		
	8			9			6	
		3	2		6			
		5			4			
							1	
				6			8	9

136 ★★★★★

		1	8					
								6
6		8		3			2	4
		6			1			
7				2				3
			9			8		
3	4			7		6		8
2								
					5	9		

6	8			2	4			5
		2						1
						6		
	5	9		7			6	
				9				
	2			8		5	3	
		1						
2						4		
3			7	5			8	2

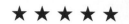

138 ★★★★★

3			2					
		6				2	1	
				8		5	7	
			9					2
	4			5			8	
1					3			
	8	7		4				
	5	2				4		
					6			9

Solutions

1

7	3	9	5	8	2	1	6	4
5	4	1	9	3	6	8	7	2
6	8	2	4	1	7	9	5	3
2	6	8	3	9	1	5	4	7
4	7	3	6	5	8	2	1	9
1	9	5	7	2	4	3	8	6
8	2	4	1	7	9	6	3	5
9	5	7	8	6	3	4	2	1
3	1	6	2	4	5	7	9	8

2

8	7	5	4	9	3	1	6	2
6	3	4	7	2	1	9	8	5
9	1	2	5	6	8	3	7	4
4	5	7	1	3	6	2	9	8
2	6	1	8	5	9	7	4	3
3	9	8	2	7	4	6	5	1
1	8	3	9	4	7	5	2	6
7	2	6	3	8	5	4	1	9
5	4	9	6	1	2	8	3	7

3

8	4	5	7	3	2	1	9	6
3	2	9	6	4	1	8	7	5
6	1	7	5	9	8	4	3	2
5	6	3	1	2	9	7	8	4
4	9	1	8	7	5	2	6	3
7	8	2	3	6	4	5	1	9
9	7	4	2	8	3	6	5	1
2	5	8	9	1	6	3	4	7
1	3	6	4	5	7	9	2	8

4

8	2	6	1	5	7	4	9	3
1	9	5	2	3	4	7	8	6
3	4	7	6	8	9	5	2	1
6	7	9	8	4	3	1	5	2
2	1	4	9	6	5	3	7	8
5	8	3	7	1	2	6	4	9
4	5	8	3	2	6	9	1	7
9	6	1	5	7	8	2	3	4
7	3	2	4	9	1	8	6	5

5

6	4	5	2	8	7	9	3	1
7	8	3	4	9	1	2	6	5
2	9	1	3	6	5	7	8	4
3	1	9	6	7	4	8	5	2
8	2	4	9	5	3	1	7	6
5	7	6	1	2	8	3	4	9
4	5	8	7	1	2	6	9	3
1	6	7	5	3	9	4	2	8
9	3	2	8	4	6	5	1	7

6

8	3	9	1	6	2	5	4	7
1	5	6	7	8	4	3	9	2
4	7	2	9	3	5	1	6	8
7	1	4	6	2	8	9	3	5
2	9	3	4	5	1	7	8	6
5	6	8	3	9	7	4	2	1
3	2	5	8	7	9	6	1	4
6	8	1	5	4	3	2	7	9
9	4	7	2	1	6	8	5	3

7

6	8	9	3	5	1	2	4	7
7	3	2	8	4	9	5	1	6
5	1	4	2	6	7	3	8	9
2	9	1	5	7	4	6	3	8
3	5	6	1	2	8	7	9	4
8	4	7	6	9	3	1	2	5
9	7	5	4	1	2	8	6	3
1	6	8	9	3	5	4	7	2
4	2	3	7	8	6	9	5	1

8

7	2	1	6	4	9	3	8	5
6	9	8	1	5	3	4	2	7
4	5	3	8	7	2	6	9	1
3	1	5	4	9	8	7	6	2
2	6	7	3	1	5	9	4	8
8	4	9	2	6	7	5	1	3
1	3	4	7	2	6	8	5	9
5	7	6	9	8	1	2	3	4
9	8	2	5	3	4	1	7	6

Solutions

9

4	2	1	7	8	5	6	9	3
8	9	3	4	2	6	5	1	7
6	5	7	9	1	3	2	8	4
5	3	9	6	7	2	1	4	8
1	8	6	5	9	4	3	7	2
2	7	4	1	3	8	9	6	5
3	4	5	8	6	1	7	2	9
7	1	2	3	4	9	8	5	6
9	6	8	2	5	7	4	3	1

10

1	9	3	2	4	8	6	7	5
4	7	8	6	3	5	1	2	9
2	5	6	7	1	9	4	3	8
6	4	9	5	8	3	2	1	7
7	8	1	9	2	4	5	6	3
5	3	2	1	7	6	9	8	4
8	1	7	4	5	2	3	9	6
3	6	5	8	9	1	7	4	2
9	2	4	3	6	7	8	5	1

11

9	1	6	3	2	8	4	5	7
3	8	5	9	4	7	1	2	6
7	2	4	6	5	1	8	9	3
4	7	9	8	6	5	3	1	2
2	3	8	1	9	4	6	7	5
5	6	1	7	3	2	9	4	8
8	9	2	5	1	6	7	3	4
6	5	3	4	7	9	2	8	1
1	4	7	2	8	3	5	6	9

12

5	1	2	3	7	8	4	6	9
4	3	7	5	6	9	1	8	2
9	6	8	2	1	4	7	5	3
7	2	1	9	8	5	6	3	4
3	8	5	6	4	1	9	2	7
6	9	4	7	2	3	5	1	8
1	4	3	8	5	7	2	9	6
8	7	6	1	9	2	3	4	5
2	5	9	4	3	6	8	7	1

13

2	1	8	9	3	5	6	7	4
7	6	3	8	1	4	5	9	2
5	4	9	7	6	2	8	3	1
9	5	6	4	7	8	2	1	3
4	8	1	3	2	6	7	5	9
3	7	2	1	5	9	4	6	8
8	2	7	6	9	1	3	4	5
1	3	5	2	4	7	9	8	6
6	9	4	5	8	3	1	2	7

14

5	8	7	6	3	1	4	2	9
1	9	3	2	8	4	7	6	5
2	6	4	7	5	9	8	1	3
8	2	6	4	1	5	3	9	7
3	4	1	9	7	6	2	5	8
9	7	5	3	2	8	1	4	6
7	3	9	5	4	2	6	8	1
4	5	8	1	6	7	9	3	2
6	1	2	8	9	3	5	7	4

15

4	1	8	6	9	2	7	5	3
9	6	3	5	1	7	4	2	8
2	7	5	4	8	3	9	1	6
7	5	6	9	2	1	8	3	4
8	2	4	7	3	6	1	9	5
1	3	9	8	4	5	2	6	7
3	8	2	1	5	4	6	7	9
6	9	1	3	7	8	5	4	2
5	4	7	2	6	9	3	8	1

16

6	3	9	4	2	7	5	8	1
4	1	2	3	8	5	9	6	7
5	7	8	9	6	1	2	4	3
7	4	3	6	9	2	8	1	5
9	2	5	1	3	8	6	7	4
1	8	6	7	5	4	3	9	2
2	5	4	8	1	6	7	3	9
8	9	7	5	4	3	1	2	6
3	6	1	2	7	9	4	5	8

Solutions

17

8	5	2	4	3	6	9	7	1
7	9	4	1	2	5	6	8	3
6	3	1	9	8	7	5	2	4
5	2	9	3	7	8	1	4	6
3	1	7	2	6	4	8	9	5
4	6	8	5	1	9	2	3	7
2	4	3	6	9	1	7	5	8
1	7	5	8	4	2	3	6	9
9	8	6	7	5	3	4	1	2

18

8	6	1	5	7	2	9	4	3
9	5	4	8	3	1	2	7	6
3	2	7	4	6	9	5	1	8
4	9	3	6	5	7	8	2	1
1	8	5	3	2	4	7	6	9
2	7	6	1	9	8	3	5	4
5	4	8	7	1	3	6	9	2
7	1	9	2	8	6	4	3	5
6	3	2	9	4	5	1	8	7

19

5	7	9	2	1	6	4	8	3
6	4	1	3	8	7	9	5	2
3	8	2	4	9	5	6	1	7
2	5	8	7	4	3	1	6	9
9	6	3	1	2	8	7	4	5
4	1	7	5	6	9	2	3	8
1	9	4	8	5	2	3	7	6
7	2	5	6	3	1	8	9	4
8	3	6	9	7	4	5	2	1

20

6	8	9	1	4	2	7	5	3
4	3	1	5	7	8	2	6	9
2	5	7	6	3	9	4	8	1
7	9	6	2	1	4	5	3	8
1	4	5	7	8	3	6	9	2
8	2	3	9	6	5	1	4	7
9	6	8	4	2	7	3	1	5
3	7	4	8	5	1	9	2	6
5	1	2	3	9	6	8	7	4

21

3	6	2	7	4	9	8	5	1
4	5	1	8	3	2	9	7	6
8	9	7	5	6	1	4	3	2
9	1	6	2	7	4	3	8	5
2	8	4	3	1	5	6	9	7
5	7	3	9	8	6	2	1	4
7	3	5	4	2	8	1	6	9
1	2	8	6	9	7	5	4	3
6	4	9	1	5	3	7	2	8

22

1	6	3	9	8	4	5	2	7
7	9	8	2	5	3	1	6	4
2	5	4	7	6	1	8	3	9
6	3	1	8	4	5	7	9	2
8	4	2	3	7	9	6	5	1
5	7	9	6	1	2	4	8	3
3	8	5	1	2	7	9	4	6
9	1	6	4	3	8	2	7	5
4	2	7	5	9	6	3	1	8

23

6	3	1	8	9	5	7	2	4
8	4	9	7	3	2	1	5	6
2	5	7	4	6	1	3	8	9
4	1	6	3	2	9	8	7	5
9	7	8	5	1	4	2	6	3
3	2	5	6	8	7	9	4	1
1	9	4	2	7	6	5	3	8
7	6	3	1	5	8	4	9	2
5	8	2	9	4	3	6	1	7

24

6	7	9	8	4	3	1	2	5
8	5	2	1	7	9	3	6	4
3	1	4	2	5	6	9	8	7
5	8	1	7	6	2	4	3	9
7	2	3	9	1	4	8	5	6
4	9	6	5	3	8	7	1	2
9	3	7	6	8	5	2	4	1
2	6	8	4	9	1	5	7	3
1	4	5	3	2	7	6	9	8

Solutions

25

5	2	9	4	8	7	6	1	3
8	6	1	3	2	5	4	7	9
7	4	3	9	1	6	5	8	2
3	5	8	6	9	4	1	2	7
2	9	7	1	5	3	8	4	6
6	1	4	2	7	8	9	3	5
9	7	6	8	3	1	2	5	4
4	8	5	7	6	2	3	9	1
1	3	2	5	4	9	7	6	8

26

3	5	2	6	7	1	9	4	8
6	8	1	2	4	9	7	3	5
7	4	9	8	5	3	2	6	1
2	9	7	5	3	8	6	1	4
8	1	6	7	2	4	5	9	3
4	3	5	9	1	6	8	7	2
5	2	4	1	6	7	3	8	9
1	6	8	3	9	2	4	5	7
9	7	3	4	8	5	1	2	6

27

5	1	4	8	3	6	9	7	2
3	7	6	2	5	9	4	1	8
8	2	9	1	4	7	3	6	5
7	5	3	9	8	1	6	2	4
4	6	8	3	7	2	1	5	9
2	9	1	5	6	4	7	8	3
1	8	5	7	9	3	2	4	6
6	3	2	4	1	8	5	9	7
9	4	7	6	2	5	8	3	1

28

7	4	3	8	6	2	5	1	9
8	9	5	7	4	1	6	2	3
1	6	2	3	9	5	7	8	4
3	7	9	4	2	8	1	6	5
4	1	8	5	3	6	2	9	7
2	5	6	9	1	7	3	4	8
9	2	4	6	5	3	8	7	1
6	3	7	1	8	4	9	5	2
5	8	1	2	7	9	4	3	6

29

9	5	2	4	6	7	3	8	1
8	6	4	1	5	3	7	2	9
7	3	1	8	2	9	6	4	5
3	9	5	7	4	8	2	1	6
1	8	6	9	3	2	5	7	4
4	2	7	6	1	5	9	3	8
2	4	8	3	9	6	1	5	7
5	1	9	2	7	4	8	6	3
6	7	3	5	8	1	4	9	2

30

8	5	4	6	3	9	1	7	2
9	7	3	2	1	8	4	6	5
6	2	1	5	4	7	3	8	9
2	8	6	3	9	1	5	4	7
1	3	5	7	6	4	9	2	8
4	9	7	8	2	5	6	1	3
3	6	8	4	5	2	7	9	1
7	4	9	1	8	3	2	5	6
5	1	2	9	7	6	8	3	4

31

3	2	6	9	8	5	1	4	7
5	7	1	4	2	3	9	8	6
8	4	9	6	1	7	5	3	2
9	1	2	5	3	4	7	6	8
6	3	4	8	7	9	2	5	1
7	5	8	1	6	2	3	9	4
4	6	7	3	5	1	8	2	9
2	9	5	7	4	8	6	1	3
1	8	3	2	9	6	4	7	5

32

1	5	3	7	9	2	4	8	6
8	2	6	1	4	3	5	9	7
9	7	4	6	5	8	3	1	2
4	6	8	9	2	5	1	7	3
2	3	1	8	7	4	6	5	9
5	9	7	3	6	1	8	2	4
3	8	2	4	1	9	7	6	5
6	1	9	5	3	7	2	4	8
7	4	5	2	8	6	9	3	1

Solutions

33

4	9	2	7	5	1	8	6	3
8	3	6	2	9	4	7	5	1
5	1	7	6	3	8	9	4	2
9	4	8	5	2	6	1	3	7
2	5	3	4	1	7	6	9	8
7	6	1	3	8	9	5	2	4
3	7	5	1	6	2	4	8	9
6	8	4	9	7	3	2	1	5
1	2	9	8	4	5	3	7	6

34

9	4	6	2	1	7	8	3	5
1	5	8	6	4	3	7	9	2
3	7	2	9	8	5	6	4	1
8	2	5	3	7	1	4	6	9
6	1	9	4	2	8	3	5	7
4	3	7	5	6	9	1	2	8
2	8	3	7	9	4	5	1	6
5	6	1	8	3	2	9	7	4
7	9	4	1	5	6	2	8	3

35

8	2	6	1	7	3	4	9	5
9	4	3	2	5	8	7	1	6
7	5	1	9	6	4	3	2	8
6	8	4	3	9	7	1	5	2
1	3	7	5	8	2	9	6	4
5	9	2	4	1	6	8	7	3
3	6	8	7	2	9	5	4	1
2	1	9	8	4	5	6	3	7
4	7	5	6	3	1	2	8	9

36

5	3	1	6	9	4	8	2	7
9	8	2	7	3	5	6	4	1
6	7	4	8	2	1	3	9	5
2	6	3	1	8	7	9	5	4
8	1	9	5	4	3	2	7	6
7	4	5	2	6	9	1	3	8
3	5	8	9	7	6	4	1	2
1	9	6	4	5	2	7	8	3
4	2	7	3	1	8	5	6	9

37

9	4	8	1	6	3	7	5	2
5	6	3	2	9	7	1	8	4
7	2	1	4	5	8	9	3	6
8	7	5	6	1	4	2	9	3
6	3	9	7	2	5	4	1	8
4	1	2	3	8	9	5	6	7
2	5	4	9	3	6	8	7	1
3	8	7	5	4	1	6	2	9
1	9	6	8	7	2	3	4	5

38

3	5	1	4	6	2	9	8	7
6	4	7	5	8	9	1	3	2
9	8	2	7	1	3	6	5	4
5	7	8	6	9	4	3	2	1
2	6	4	3	7	1	5	9	8
1	9	3	8	2	5	4	7	6
7	1	9	2	5	6	8	4	3
8	3	5	1	4	7	2	6	9
4	2	6	9	3	8	7	1	5

39

7	9	8	5	3	6	4	1	2
6	1	3	7	4	2	9	8	5
4	2	5	9	1	8	6	7	3
1	5	4	8	6	3	7	2	9
3	7	6	2	5	9	1	4	8
9	8	2	1	7	4	3	5	6
2	4	1	3	9	5	8	6	7
8	6	9	4	2	7	5	3	1
5	3	7	6	8	1	2	9	4

40

2	4	5	8	9	1	7	6	3
3	1	7	4	2	6	8	5	9
9	8	6	5	3	7	4	1	2
1	7	9	6	4	8	3	2	5
8	3	2	1	5	9	6	4	7
5	6	4	3	7	2	1	9	8
4	2	8	7	1	5	9	3	6
7	9	1	2	6	3	5	8	4
6	5	3	9	8	4	2	7	1

Solutions

41

4	7	1	2	9	3	5	8	6
8	9	2	5	7	6	3	1	4
5	3	6	1	4	8	7	9	2
9	1	5	3	8	2	6	4	7
6	2	4	7	5	1	8	3	9
7	8	3	4	6	9	2	5	1
3	4	9	8	2	7	1	6	5
1	6	7	9	3	5	4	2	8
2	5	8	6	1	4	9	7	3

42

1	9	4	5	7	8	3	6	2
5	6	3	1	4	2	8	9	7
7	8	2	6	3	9	5	4	1
2	4	6	3	8	7	9	1	5
3	5	1	9	6	4	2	7	8
8	7	9	2	5	1	4	3	6
4	3	7	8	1	5	6	2	9
6	2	8	7	9	3	1	5	4
9	1	5	4	2	6	7	8	3

43

1	7	5	2	3	8	4	6	9
6	8	4	1	5	9	2	3	7
9	3	2	6	7	4	8	5	1
4	6	9	7	2	3	1	8	5
8	5	1	9	4	6	3	7	2
3	2	7	8	1	5	9	4	6
2	1	8	4	6	7	5	9	3
7	9	3	5	8	1	6	2	4
5	4	6	3	9	2	7	1	8

44

7	9	5	3	1	4	6	8	2
4	6	8	2	7	5	1	3	9
1	2	3	9	6	8	5	4	7
5	1	2	4	3	6	9	7	8
8	7	4	5	9	1	2	6	3
6	3	9	8	2	7	4	1	5
3	4	1	7	5	2	8	9	6
2	8	7	6	4	9	3	5	1
9	5	6	1	8	3	7	2	4

45

3	9	7	8	2	6	1	5	4
4	1	8	3	9	5	6	2	7
6	2	5	7	4	1	9	8	3
2	4	6	1	7	8	5	3	9
5	3	9	2	6	4	7	1	8
7	8	1	5	3	9	2	4	6
8	5	3	9	1	7	4	6	2
9	6	2	4	5	3	8	7	1
1	7	4	6	8	2	3	9	5

46

6	5	2	8	1	3	9	7	4
7	4	8	5	2	9	6	1	3
9	3	1	4	7	6	2	5	8
1	9	5	7	3	8	4	6	2
2	8	4	1	6	5	3	9	7
3	6	7	2	9	4	5	8	1
8	1	3	9	5	2	7	4	6
4	2	9	6	8	7	1	3	5
5	7	6	3	4	1	8	2	9

47

2	8	6	4	9	3	1	7	5
4	9	7	8	1	5	2	3	6
5	1	3	7	2	6	9	4	8
8	7	9	1	3	4	5	6	2
6	4	1	5	8	2	3	9	7
3	5	2	9	6	7	4	8	1
9	2	8	6	4	1	7	5	3
7	3	4	2	5	8	6	1	9
1	6	5	3	7	9	8	2	4

48

9	4	6	2	8	1	5	3	7
1	3	5	7	9	4	8	6	2
2	8	7	3	5	6	9	1	4
6	5	1	4	2	7	3	9	8
4	2	8	9	3	5	1	7	6
7	9	3	6	1	8	2	4	5
8	7	2	1	6	9	4	5	3
5	6	9	8	4	3	7	2	1
3	1	4	5	7	2	6	8	9

Solutions

49

3	4	9	2	6	5	1	7	8
5	6	2	1	8	7	4	9	3
8	7	1	4	3	9	5	6	2
1	9	7	5	4	8	3	2	6
4	3	8	6	1	2	9	5	7
2	5	6	9	7	3	8	4	1
6	2	4	8	5	1	7	3	9
7	8	5	3	9	6	2	1	4
9	1	3	7	2	4	6	8	5

50

9	6	5	7	3	2	4	8	1
7	1	3	8	4	5	2	9	6
4	2	8	9	6	1	7	3	5
8	3	6	1	9	7	5	2	4
1	4	2	3	5	6	8	7	9
5	7	9	4	2	8	1	6	3
3	8	4	2	1	9	6	5	7
2	5	1	6	7	3	9	4	8
6	9	7	5	8	4	3	1	2

51

6	7	3	2	4	8	9	1	5
1	2	8	6	5	9	4	3	7
5	4	9	7	1	3	2	8	6
3	1	7	9	8	6	5	4	2
8	5	4	1	7	2	6	9	3
9	6	2	4	3	5	8	7	1
4	3	5	8	2	7	1	6	9
2	8	6	3	9	1	7	5	4
7	9	1	5	6	4	3	2	8

52

6	1	7	2	8	5	3	4	9
5	3	9	6	4	7	1	2	8
4	8	2	1	3	9	7	5	6
8	7	6	9	2	4	5	1	3
2	9	4	5	1	3	6	8	7
1	5	3	7	6	8	2	9	4
3	6	8	4	5	1	9	7	2
9	4	1	3	7	2	8	6	5
7	2	5	8	9	6	4	3	1

53

5	3	4	2	6	1	8	7	9
2	6	9	8	7	4	3	1	5
1	7	8	5	9	3	2	4	6
3	9	2	6	1	5	4	8	7
4	8	7	9	3	2	5	6	1
6	1	5	7	4	8	9	2	3
9	4	3	1	8	6	7	5	2
8	2	1	3	5	7	6	9	4
7	5	6	4	2	9	1	3	8

54

4	3	6	2	7	9	8	5	1
1	9	8	5	6	3	2	7	4
5	2	7	8	4	1	9	3	6
9	1	2	3	5	4	7	6	8
3	7	5	9	8	6	1	4	2
6	8	4	7	1	2	3	9	5
7	6	9	1	2	5	4	8	3
8	5	1	4	3	7	6	2	9
2	4	3	6	9	8	5	1	7

55

3	9	4	5	8	6	7	2	1
8	6	1	7	2	4	5	9	3
2	5	7	3	9	1	8	6	4
9	7	3	2	5	8	4	1	6
5	4	8	6	1	9	3	7	2
6	1	2	4	7	3	9	8	5
4	8	5	1	6	7	2	3	9
1	2	9	8	3	5	6	4	7
7	3	6	9	4	2	1	5	8

56

5	2	4	3	6	9	1	8	7
3	8	7	1	2	5	6	9	4
1	9	6	7	4	8	2	3	5
2	1	5	4	8	3	9	7	6
6	7	9	5	1	2	3	4	8
8	4	3	9	7	6	5	1	2
9	3	8	2	5	4	7	6	1
7	6	2	8	3	1	4	5	9
4	5	1	6	9	7	8	2	3

Solutions

57

4	3	8	1	7	9	6	5	2
2	6	5	8	4	3	9	1	7
7	9	1	5	2	6	3	8	4
9	8	7	2	6	1	5	4	3
6	1	2	4	3	5	8	7	9
3	5	4	7	9	8	1	2	6
5	2	3	9	8	4	7	6	1
1	7	6	3	5	2	4	9	8
8	4	9	6	1	7	2	3	5

58

3	9	6	7	1	2	5	4	8
1	4	8	5	9	3	6	2	7
5	2	7	6	4	8	3	9	1
6	5	9	1	8	7	2	3	4
2	7	1	4	3	5	8	6	9
4	8	3	2	6	9	1	7	5
9	6	4	8	2	1	7	5	3
7	1	2	3	5	4	9	8	6
8	3	5	9	7	6	4	1	2

59

3	5	7	2	1	6	8	9	4
1	9	6	8	3	4	2	5	7
2	4	8	9	7	5	6	3	1
4	8	9	1	6	3	5	7	2
7	2	5	4	8	9	1	6	3
6	1	3	7	5	2	9	4	8
9	3	1	5	2	7	4	8	6
5	6	2	3	4	8	7	1	9
8	7	4	6	9	1	3	2	5

60

7	2	9	4	1	3	5	8	6
3	1	6	7	5	8	4	9	2
5	4	8	9	6	2	1	3	7
8	3	2	5	4	7	9	6	1
4	7	1	6	8	9	3	2	5
9	6	5	2	3	1	7	4	8
2	9	3	8	7	5	6	1	4
1	5	4	3	2	6	8	7	9
6	8	7	1	9	4	2	5	3

61

3	7	4	2	8	9	6	5	1
1	5	2	6	7	3	9	4	8
6	8	9	4	5	1	7	3	2
5	6	3	1	9	2	4	8	7
2	9	7	8	4	6	5	1	3
4	1	8	7	3	5	2	6	9
7	3	1	9	6	4	8	2	5
9	4	5	3	2	8	1	7	6
8	2	6	5	1	7	3	9	4

62

3	7	1	2	4	9	8	6	5
2	8	9	6	5	1	3	7	4
6	4	5	3	8	7	9	2	1
9	5	7	1	2	3	4	8	6
4	2	6	7	9	8	5	1	3
1	3	8	4	6	5	7	9	2
5	9	3	8	1	2	6	4	7
8	1	4	5	7	6	2	3	9
7	6	2	9	3	4	1	5	8

63

1	3	5	6	9	8	2	4	7
8	9	7	4	3	2	1	5	6
4	6	2	7	5	1	8	9	3
9	5	1	3	4	7	6	8	2
6	8	3	1	2	9	5	7	4
2	7	4	8	6	5	9	3	1
3	4	9	2	8	6	7	1	5
5	1	6	9	7	4	3	2	8
7	2	8	5	1	3	4	6	9

64

4	1	3	6	2	8	9	7	5
7	5	6	3	9	1	2	4	8
8	9	2	7	4	5	6	3	1
2	4	7	8	5	6	1	9	3
6	8	1	9	3	7	5	2	4
5	3	9	4	1	2	8	6	7
1	7	5	2	6	4	3	8	9
9	6	8	5	7	3	4	1	2
3	2	4	1	8	9	7	5	6

Solutions

65

7	6	1	3	2	5	8	4	9
2	8	9	6	4	7	3	1	5
3	4	5	8	1	9	6	2	7
8	7	2	9	3	1	4	5	6
6	9	3	5	8	4	2	7	1
1	5	4	7	6	2	9	3	8
5	3	8	4	7	6	1	9	2
4	1	7	2	9	8	5	6	3
9	2	6	1	5	3	7	8	4

66

5	4	8	7	3	9	1	6	2
3	7	2	5	6	1	4	8	9
6	1	9	4	8	2	5	7	3
7	9	6	8	1	5	3	2	4
4	5	3	6	2	7	8	9	1
8	2	1	3	9	4	6	5	7
1	6	5	9	7	3	2	4	8
2	8	7	1	4	6	9	3	5
9	3	4	2	5	8	7	1	6

67

4	1	3	6	5	7	2	8	9
7	6	2	1	8	9	5	3	4
8	9	5	2	4	3	7	6	1
6	5	1	4	9	8	3	2	7
9	8	7	5	3	2	1	4	6
2	3	4	7	1	6	9	5	8
5	2	8	9	6	1	4	7	3
1	4	6	3	7	5	8	9	2
3	7	9	8	2	4	6	1	5

68

1	4	7	5	8	9	6	3	2
3	5	8	7	2	6	4	9	1
9	2	6	3	1	4	7	8	5
8	3	2	4	9	1	5	6	7
5	6	4	8	7	3	2	1	9
7	9	1	6	5	2	8	4	3
2	8	3	9	6	7	1	5	4
6	7	9	1	4	5	3	2	8
4	1	5	2	3	8	9	7	6

69

3	9	5	2	7	4	8	6	1
6	2	8	5	3	1	9	7	4
4	1	7	6	8	9	2	5	3
1	5	9	7	4	2	3	8	6
2	7	4	3	6	8	5	1	9
8	6	3	9	1	5	4	2	7
5	3	1	8	9	6	7	4	2
9	4	2	1	5	7	6	3	8
7	8	6	4	2	3	1	9	5

70

5	9	4	6	3	1	2	7	8
6	3	1	2	7	8	4	5	9
8	2	7	9	4	5	3	1	6
4	5	9	1	6	3	8	2	7
7	8	2	5	9	4	6	3	1
1	6	3	8	2	7	9	4	5
2	7	8	4	5	9	1	6	3
9	4	5	3	1	6	7	8	2
3	1	6	7	8	2	5	9	4

71

6	5	9	1	7	4	8	2	3
3	4	1	2	9	8	6	7	5
7	2	8	3	5	6	4	9	1
1	7	2	5	4	3	9	8	6
5	6	3	8	2	9	7	1	4
8	9	4	7	6	1	5	3	2
9	1	5	6	3	7	2	4	8
4	8	6	9	1	2	3	5	7
2	3	7	4	8	5	1	6	9

72

5	1	4	7	3	8	2	6	9
6	7	3	9	2	1	5	4	8
9	8	2	5	4	6	7	3	1
8	2	7	1	6	4	9	5	3
4	3	6	8	9	5	1	7	2
1	5	9	3	7	2	6	8	4
2	6	5	4	8	9	3	1	7
7	4	1	2	5	3	8	9	6
3	9	8	6	1	7	4	2	5

Solutions

73

5	9	2	1	4	3	8	7	6
4	8	1	7	2	6	3	5	9
6	3	7	9	8	5	4	1	2
3	4	6	8	5	1	9	2	7
9	2	5	6	7	4	1	8	3
7	1	8	2	3	9	6	4	5
1	5	3	4	6	7	2	9	8
2	7	9	3	1	8	5	6	4
8	6	4	5	9	2	7	3	1

74

4	1	6	2	5	3	7	8	9
8	5	3	9	7	4	6	2	1
7	9	2	8	1	6	5	3	4
5	8	4	7	6	9	2	1	3
9	6	1	3	4	2	8	7	5
2	3	7	5	8	1	9	4	6
6	7	9	1	3	8	4	5	2
3	4	8	6	2	5	1	9	7
1	2	5	4	9	7	3	6	8

75

9	2	1	8	7	3	6	4	5
4	6	8	5	9	2	3	1	7
3	5	7	1	6	4	2	9	8
5	3	4	2	1	9	7	8	6
8	1	9	7	5	6	4	2	3
2	7	6	4	3	8	1	5	9
7	4	3	9	2	5	8	6	1
1	8	5	6	4	7	9	3	2
6	9	2	3	8	1	5	7	4

76

6	8	3	7	1	5	2	4	9
5	4	2	3	9	6	8	1	7
1	9	7	2	8	4	6	3	5
4	5	1	6	7	9	3	8	2
3	6	9	8	4	2	5	7	1
7	2	8	5	3	1	4	9	6
9	1	5	4	6	8	7	2	3
8	7	6	1	2	3	9	5	4
2	3	4	9	5	7	1	6	8

77

8	3	5	1	7	2	6	9	4
2	1	4	3	9	6	7	5	8
6	9	7	8	5	4	2	1	3
7	2	1	6	8	5	3	4	9
5	6	8	9	4	3	1	2	7
9	4	3	7	2	1	8	6	5
1	7	6	4	3	9	5	8	2
3	5	9	2	6	8	4	7	1
4	8	2	5	1	7	9	3	6

78

9	1	2	5	7	4	3	6	8
7	3	6	8	1	9	4	5	2
5	8	4	3	6	2	1	7	9
6	7	1	4	8	5	9	2	3
4	5	3	9	2	6	8	1	7
2	9	8	1	3	7	6	4	5
1	4	5	2	9	8	7	3	6
3	6	9	7	5	1	2	8	4
8	2	7	6	4	3	5	9	1

79

7	4	1	8	5	2	3	6	9
3	5	2	4	6	9	7	8	1
8	9	6	3	7	1	4	2	5
5	8	4	9	1	3	6	7	2
1	2	9	7	8	6	5	4	3
6	3	7	2	4	5	9	1	8
9	7	8	1	3	4	2	5	6
4	6	3	5	2	8	1	9	7
2	1	5	6	9	7	8	3	4

80

6	5	1	2	9	4	3	8	7
2	9	4	7	8	3	5	1	6
7	8	3	1	6	5	2	9	4
4	3	8	9	7	2	6	5	1
1	7	2	5	3	6	8	4	9
5	6	9	8	4	1	7	3	2
8	1	6	4	5	7	9	2	3
3	4	5	6	2	9	1	7	8
9	2	7	3	1	8	4	6	5

Solutions

81

9	1	4	3	8	5	6	2	7
7	3	8	6	4	2	9	1	5
6	5	2	9	7	1	8	3	4
3	8	5	4	2	9	1	7	6
1	7	9	8	5	6	2	4	3
2	4	6	7	1	3	5	9	8
8	6	3	1	9	7	4	5	2
5	9	7	2	6	4	3	8	1
4	2	1	5	3	8	7	6	9

82

8	2	9	7	1	4	3	6	5
4	3	6	5	2	9	8	7	1
1	7	5	6	3	8	4	9	2
7	5	2	1	4	6	9	8	3
9	4	3	2	8	7	1	5	6
6	8	1	3	9	5	2	4	7
3	6	8	4	7	1	5	2	9
5	1	4	9	6	2	7	3	8
2	9	7	8	5	3	6	1	4

83

2	8	3	1	9	6	7	4	5
6	1	4	2	7	5	8	9	3
7	5	9	3	8	4	2	1	6
4	7	2	5	3	9	6	8	1
1	6	8	4	2	7	5	3	9
3	9	5	6	1	8	4	2	7
9	2	7	8	5	1	3	6	4
5	3	6	9	4	2	1	7	8
8	4	1	7	6	3	9	5	2

84

5	3	6	7	1	4	2	9	8
4	2	1	9	8	5	7	3	6
8	7	9	6	3	2	5	1	4
1	4	7	2	5	9	6	8	3
2	9	5	8	6	3	1	4	7
6	8	3	1	4	7	9	2	5
7	1	4	3	2	6	8	5	9
3	6	8	5	9	1	4	7	2
9	5	2	4	7	8	3	6	1

85

2	6	9	5	1	4	3	8	7
1	3	7	6	2	8	5	9	4
4	8	5	7	9	3	2	1	6
3	5	8	9	4	7	1	6	2
6	7	4	1	3	2	8	5	9
9	2	1	8	5	6	7	4	3
5	4	3	2	6	1	9	7	8
8	9	6	3	7	5	4	2	1
7	1	2	4	8	9	6	3	5

86

8	7	5	9	1	3	2	6	4
4	2	1	6	5	7	8	3	9
6	3	9	8	2	4	5	7	1
2	8	4	1	3	6	7	9	5
5	9	7	4	8	2	6	1	3
3	1	6	7	9	5	4	8	2
9	5	2	3	6	8	1	4	7
1	4	8	5	7	9	3	2	6
7	6	3	2	4	1	9	5	8

87

5	7	6	3	4	9	1	8	2
4	3	8	5	1	2	7	6	9
1	2	9	7	6	8	3	4	5
9	6	1	4	3	7	2	5	8
2	8	4	9	5	1	6	3	7
3	5	7	2	8	6	9	1	4
7	1	5	6	2	4	8	9	3
8	9	3	1	7	5	4	2	6
6	4	2	8	9	3	5	7	1

88

7	6	8	1	3	2	4	9	5
1	4	2	6	5	9	8	7	3
3	9	5	7	8	4	2	1	6
4	8	6	5	9	7	1	3	2
2	3	1	4	6	8	7	5	9
9	5	7	2	1	3	6	8	4
6	2	3	9	7	1	5	4	8
5	1	9	8	4	6	3	2	7
8	7	4	3	2	5	9	6	1

Solutions

89

6	3	4	7	5	2	8	9	1
1	2	8	9	3	4	6	7	5
9	7	5	8	1	6	2	4	3
8	9	3	6	2	5	4	1	7
5	4	7	3	8	1	9	6	2
2	6	1	4	7	9	3	5	8
7	5	9	2	6	3	1	8	4
3	1	6	5	4	8	7	2	9
4	8	2	1	9	7	5	3	6

90

6	8	4	7	1	5	2	3	9
2	3	9	6	8	4	7	1	5
7	1	5	2	3	9	6	8	4
1	5	2	3	9	6	8	4	7
3	9	6	8	4	7	1	5	2
8	4	7	1	5	2	3	9	6
4	7	1	5	2	3	9	6	8
9	6	8	4	7	1	5	2	3
5	2	3	9	6	8	4	7	1

91

5	6	4	2	1	8	3	9	7
1	7	8	9	3	4	6	2	5
9	3	2	7	6	5	1	4	8
4	5	1	3	8	2	9	7	6
8	9	6	5	7	1	4	3	2
7	2	3	6	4	9	5	8	1
2	4	9	1	5	7	8	6	3
6	8	5	4	2	3	7	1	9
3	1	7	8	9	6	2	5	4

92

7	5	1	8	4	2	6	9	3
8	4	2	3	9	6	1	7	5
6	9	3	7	1	5	2	4	8
1	7	5	6	2	9	3	8	4
4	3	9	1	8	7	5	2	6
2	8	6	5	3	4	7	1	9
9	6	8	2	7	3	4	5	1
3	1	7	4	5	8	9	6	2
5	2	4	9	6	1	8	3	7

93

6	2	4	7	9	3	8	5	1
8	3	1	4	5	2	6	7	9
7	9	5	1	6	8	3	2	4
2	8	9	5	4	6	1	3	7
5	1	7	2	3	9	4	6	8
3	4	6	8	7	1	5	9	2
1	7	2	6	8	5	9	4	3
4	6	3	9	1	7	2	8	5
9	5	8	3	2	4	7	1	6

94

3	1	2	8	4	9	5	6	7
7	6	8	2	1	5	4	3	9
5	4	9	7	6	3	2	8	1
9	2	6	3	5	1	8	7	4
8	5	3	4	7	6	9	1	2
4	7	1	9	2	8	3	5	6
6	9	7	5	3	4	1	2	8
1	3	4	6	8	2	7	9	5
2	8	5	1	9	7	6	4	3

95

7	6	5	3	1	2	4	8	9
3	2	8	9	4	6	5	7	1
9	1	4	5	7	8	2	3	6
5	8	7	6	2	1	9	4	3
2	9	1	4	5	3	7	6	8
4	3	6	7	8	9	1	2	5
6	7	3	1	9	4	8	5	2
1	5	2	8	3	7	6	9	4
8	4	9	2	6	5	3	1	7

96

4	9	8	6	1	2	5	3	7
5	1	2	3	9	7	6	8	4
3	7	6	8	4	5	2	1	9
1	8	7	4	2	6	9	5	3
6	2	4	9	5	3	8	7	1
9	5	3	1	7	8	4	6	2
2	4	5	7	8	1	3	9	6
8	3	1	2	6	9	7	4	5
7	6	9	5	3	4	1	2	8

Solutions

97

8	9	2	6	7	1	3	5	4
3	1	5	2	4	9	6	7	8
7	4	6	8	3	5	1	2	9
5	8	1	9	2	7	4	3	6
6	7	4	3	5	8	2	9	1
9	2	3	4	1	6	5	8	7
1	6	8	5	9	3	7	4	2
2	5	9	7	6	4	8	1	3
4	3	7	1	8	2	9	6	5

98

6	8	4	7	2	3	9	1	5
3	2	7	5	1	9	6	8	4
9	1	5	4	8	6	3	2	7
5	6	8	2	3	4	7	9	1
4	3	2	1	9	7	5	6	8
7	9	1	8	6	5	4	3	2
1	5	6	3	4	8	2	7	9
8	4	3	9	7	2	1	5	6
2	7	9	6	5	1	8	4	3

99

1	4	7	8	5	3	6	2	9
2	8	3	9	6	7	5	1	4
9	5	6	4	2	1	7	3	8
6	2	1	7	4	9	8	5	3
7	9	8	1	3	5	4	6	2
4	3	5	6	8	2	9	7	1
8	1	4	2	7	6	3	9	5
3	6	2	5	9	8	1	4	7
5	7	9	3	1	4	2	8	6

100

8	1	7	9	3	2	5	4	6
3	9	6	4	5	8	2	7	1
2	4	5	6	7	1	8	3	9
7	8	4	3	1	6	9	2	5
5	6	9	7	2	4	1	8	3
1	2	3	5	8	9	4	6	7
4	3	2	1	9	7	6	5	8
9	5	8	2	6	3	7	1	4
6	7	1	8	4	5	3	9	2

101

7	2	8	3	9	6	1	5	4
9	3	4	5	7	1	8	6	2
6	5	1	4	8	2	3	7	9
4	1	2	6	3	5	9	8	7
8	7	5	2	1	9	4	3	6
3	6	9	7	4	8	5	2	1
1	9	7	8	6	3	2	4	5
5	8	6	9	2	4	7	1	3
2	4	3	1	5	7	6	9	8

102

4	5	1	7	6	8	3	2	9
9	3	7	4	1	2	8	5	6
6	8	2	9	3	5	4	1	7
5	6	4	2	8	7	1	9	3
1	7	3	6	4	9	5	8	2
8	2	9	3	5	1	7	6	4
3	4	5	1	9	6	2	7	8
7	9	8	5	2	4	6	3	1
2	1	6	8	7	3	9	4	5

103

8	9	1	4	2	7	5	3	6
5	7	2	6	9	3	8	4	1
3	4	6	5	8	1	7	2	9
7	1	8	2	6	4	9	5	3
6	2	3	9	7	5	1	8	4
9	5	4	3	1	8	2	6	7
1	3	5	7	4	2	6	9	8
2	8	9	1	3	6	4	7	5
4	6	7	8	5	9	3	1	2

104

2	9	5	7	8	6	3	1	4
4	1	8	3	9	2	6	5	7
3	6	7	5	4	1	9	8	2
5	4	6	1	3	9	7	2	8
8	7	1	6	2	4	5	3	9
9	2	3	8	7	5	4	6	1
7	8	2	9	6	3	1	4	5
6	5	9	4	1	8	2	7	3
1	3	4	2	5	7	8	9	6

Solutions

105

7	3	8	1	9	2	4	5	6
1	2	5	4	6	8	3	9	7
9	4	6	3	5	7	1	2	8
2	7	3	5	4	6	8	1	9
6	8	1	2	7	9	5	3	4
5	9	4	8	3	1	7	6	2
8	6	9	7	1	5	2	4	3
3	1	7	6	2	4	9	8	5
4	5	2	9	8	3	6	7	1

106

9	8	1	7	3	2	5	4	6
4	7	2	1	5	6	3	9	8
6	5	3	9	8	4	2	7	1
7	3	5	8	2	9	1	6	4
8	1	6	4	7	5	9	2	3
2	9	4	6	1	3	7	8	5
3	6	9	5	4	7	8	1	2
1	2	7	3	6	8	4	5	9
5	4	8	2	9	1	6	3	7

107

6	3	4	9	2	7	5	8	1
8	2	5	1	3	6	9	4	7
9	1	7	4	5	8	6	3	2
1	4	2	3	9	5	8	7	6
5	6	9	8	7	2	3	1	4
7	8	3	6	4	1	2	5	9
3	5	1	2	6	4	7	9	8
4	7	6	5	8	9	1	2	3
2	9	8	7	1	3	4	6	5

108

8	4	7	5	3	9	1	6	2
6	3	2	4	7	1	5	8	9
5	9	1	2	6	8	3	7	4
3	7	9	6	2	5	4	1	8
1	6	8	9	4	3	7	2	5
2	5	4	1	8	7	6	9	3
4	1	3	8	9	6	2	5	7
7	8	6	3	5	2	9	4	1
9	2	5	7	1	4	8	3	6

109

8	9	6	4	1	3	5	2	7
4	1	2	5	7	6	3	9	8
5	7	3	2	9	8	1	6	4
6	3	5	8	4	7	2	1	9
1	2	8	6	3	9	7	4	5
7	4	9	1	2	5	8	3	6
2	6	7	9	8	1	4	5	3
3	5	1	7	6	4	9	8	2
9	8	4	3	5	2	6	7	1

110

8	5	4	2	6	1	3	9	7
6	2	7	3	9	8	4	1	5
1	9	3	4	7	5	2	6	8
9	8	1	5	3	7	6	4	2
2	7	6	1	8	4	5	3	9
3	4	5	9	2	6	7	8	1
5	3	8	6	1	2	9	7	4
7	6	2	8	4	9	1	5	3
4	1	9	7	5	3	8	2	6

111

6	7	5	1	9	4	8	2	3
1	3	8	7	6	2	5	9	4
2	4	9	8	3	5	7	1	6
5	1	6	3	4	8	9	7	2
4	8	7	2	5	9	3	6	1
9	2	3	6	1	7	4	8	5
8	5	1	4	7	6	2	3	9
3	9	2	5	8	1	6	4	7
7	6	4	9	2	3	1	5	8

112

9	7	4	2	6	3	5	1	8
8	2	5	4	1	7	3	6	9
1	3	6	9	5	8	7	2	4
3	9	2	7	4	5	6	8	1
4	1	7	8	3	6	9	5	2
5	6	8	1	9	2	4	7	3
2	4	9	5	7	1	8	3	6
7	8	3	6	2	9	1	4	5
6	5	1	3	8	4	2	9	7

Solutions

113

5	6	7	3	4	1	9	8	2
3	8	9	5	2	7	6	4	1
1	2	4	6	8	9	3	5	7
6	4	1	7	3	8	5	2	9
8	3	5	2	9	4	1	7	6
9	7	2	1	6	5	4	3	8
4	5	8	9	1	2	7	6	3
2	9	3	4	7	6	8	1	5
7	1	6	8	5	3	2	9	4

114

8	3	6	2	1	4	9	5	7
4	9	2	5	7	6	3	8	1
5	1	7	8	9	3	2	4	6
3	6	1	4	8	7	5	9	2
9	7	4	6	2	5	8	1	3
2	8	5	1	3	9	7	6	4
7	5	3	9	6	1	4	2	8
1	2	9	7	4	8	6	3	5
6	4	8	3	5	2	1	7	9

115

7	1	2	3	8	5	4	9	6
8	9	5	1	6	4	2	7	3
6	4	3	7	2	9	8	5	1
1	3	6	5	7	2	9	8	4
2	7	8	4	9	3	1	6	5
9	5	4	8	1	6	3	2	7
4	2	1	9	5	7	6	3	8
3	6	7	2	4	8	5	1	9
5	8	9	6	3	1	7	4	2

116

8	9	5	2	6	7	3	1	4
6	3	4	8	9	1	7	5	2
7	1	2	4	5	3	6	9	8
2	5	3	9	4	6	1	8	7
1	4	8	7	3	5	9	2	6
9	7	6	1	2	8	5	4	3
5	8	1	3	7	2	4	6	9
3	6	9	5	8	4	2	7	1
4	2	7	6	1	9	8	3	5

117

2	7	1	8	5	9	6	3	4
3	4	8	2	1	6	9	5	7
9	6	5	4	7	3	8	2	1
4	9	7	6	2	1	3	8	5
1	3	6	5	8	7	4	9	2
5	8	2	3	9	4	7	1	6
6	5	4	9	3	2	1	7	8
8	1	3	7	6	5	2	4	9
7	2	9	1	4	8	5	6	3

118

7	1	2	8	9	6	4	5	3
9	8	4	3	5	2	6	1	7
3	6	5	1	4	7	2	9	8
4	3	9	7	6	8	1	2	5
1	5	6	4	2	3	7	8	9
8	2	7	5	1	9	3	6	4
5	9	1	6	7	4	8	3	2
6	7	8	2	3	5	9	4	1
2	4	3	9	8	1	5	7	6

119

9	5	7	8	3	2	1	6	4
1	8	2	4	6	7	5	3	9
3	4	6	5	1	9	2	7	8
5	7	1	3	4	6	9	8	2
8	3	4	9	2	1	6	5	7
6	2	9	7	8	5	3	4	1
2	6	5	1	7	8	4	9	3
7	1	3	6	9	4	8	2	5
4	9	8	2	5	3	7	1	6

120

5	9	8	2	6	4	1	3	7
1	4	2	7	9	3	5	8	6
7	6	3	8	5	1	9	2	4
9	1	4	3	2	5	7	6	8
3	5	6	1	7	8	4	9	2
8	2	7	9	4	6	3	1	5
6	7	9	5	3	2	8	4	1
2	3	1	4	8	7	6	5	9
4	8	5	6	1	9	2	7	3

Solutions

121

5	6	3	2	1	4	9	8	7
2	7	8	5	3	9	1	6	4
1	9	4	6	7	8	2	5	3
9	2	5	1	6	7	4	3	8
6	8	7	4	9	3	5	1	2
3	4	1	8	2	5	6	7	9
8	1	6	3	4	2	7	9	5
7	5	2	9	8	1	3	4	6
4	3	9	7	5	6	8	2	1

122

4	2	9	1	6	7	5	3	8
6	1	7	3	8	5	9	4	2
8	3	5	4	9	2	1	7	6
9	6	4	2	1	8	7	5	3
5	7	2	9	3	4	6	8	1
3	8	1	7	5	6	2	9	4
2	9	8	5	4	1	3	6	7
1	4	3	6	7	9	8	2	5
7	5	6	8	2	3	4	1	9

123

1	2	3	5	7	9	8	4	6
9	4	7	8	3	6	1	2	5
6	5	8	1	4	2	9	7	3
8	6	4	7	9	5	2	3	1
5	1	9	3	2	4	6	8	7
7	3	2	6	8	1	5	9	4
4	8	1	2	5	7	3	6	9
2	7	5	9	6	3	4	1	8
3	9	6	4	1	8	7	5	2

124

4	6	5	8	9	3	2	1	7
9	8	2	7	1	6	4	3	5
1	7	3	5	4	2	8	9	6
5	4	1	6	3	8	9	7	2
7	2	6	1	5	9	3	8	4
3	9	8	4	2	7	5	6	1
8	1	9	2	7	5	6	4	3
6	5	4	3	8	1	7	2	9
2	3	7	9	6	4	1	5	8

125

2	3	6	1	9	7	5	8	4
7	4	9	8	5	6	3	1	2
5	1	8	3	2	4	9	7	6
1	8	3	2	4	5	6	9	7
9	7	5	6	1	3	4	2	8
4	6	2	9	7	8	1	5	3
6	2	7	5	3	9	8	4	1
8	5	1	4	6	2	7	3	9
3	9	4	7	8	1	2	6	5

126

2	4	5	3	8	6	1	7	9
9	3	6	7	1	5	8	2	4
7	1	8	9	4	2	5	3	6
4	5	3	6	9	8	2	1	7
6	7	1	5	2	4	9	8	3
8	9	2	1	7	3	6	4	5
3	6	4	2	5	1	7	9	8
5	2	7	8	3	9	4	6	1
1	8	9	4	6	7	3	5	2

127

9	4	7	8	3	6	1	5	2
8	5	1	9	7	2	6	4	3
2	6	3	5	1	4	9	7	8
4	1	6	2	9	8	7	3	5
3	8	2	7	5	1	4	6	9
5	7	9	4	6	3	2	8	1
7	9	4	1	8	5	3	2	6
6	2	5	3	4	9	8	1	7
1	3	8	6	2	7	5	9	4

128

4	2	6	1	5	9	7	3	8
8	7	9	2	6	3	5	4	1
1	5	3	4	8	7	9	6	2
2	4	8	5	9	6	3	1	7
3	9	7	8	2	1	4	5	6
5	6	1	3	7	4	8	2	9
9	1	2	7	4	5	6	8	3
6	8	5	9	3	2	1	7	4
7	3	4	6	1	8	2	9	5

Solutions

129

9	8	6	5	7	4	2	1	3
4	5	2	3	8	1	6	7	9
1	3	7	2	6	9	5	4	8
5	7	4	9	1	2	3	8	6
8	6	1	7	5	3	4	9	2
3	2	9	8	4	6	7	5	1
2	1	3	4	9	7	8	6	5
7	9	5	6	2	8	1	3	4
6	4	8	1	3	5	9	2	7

130

4	2	1	7	9	3	6	8	5
6	3	5	4	8	2	1	9	7
8	9	7	1	5	6	4	3	2
1	4	8	2	7	9	3	5	6
3	7	9	5	6	1	2	4	8
5	6	2	3	4	8	7	1	9
2	1	6	8	3	5	9	7	4
9	5	4	6	1	7	8	2	3
7	8	3	9	2	4	5	6	1

131

3	7	8	5	9	1	6	2	4
9	1	6	3	2	4	7	8	5
5	2	4	8	6	7	3	1	9
4	9	7	6	1	2	5	3	8
6	3	5	7	4	8	1	9	2
1	8	2	9	5	3	4	6	7
8	6	9	4	3	5	2	7	1
7	5	1	2	8	6	9	4	3
2	4	3	1	7	9	8	5	6

132

7	3	2	9	6	1	8	5	4
4	5	6	3	2	8	1	9	7
1	9	8	7	5	4	2	3	6
5	2	7	8	4	3	9	6	1
9	8	3	6	1	5	4	7	2
6	1	4	2	9	7	3	8	5
8	4	5	1	3	6	7	2	9
3	6	9	4	7	2	5	1	8
2	7	1	5	8	9	6	4	3

133

4	5	7	8	1	3	9	2	6
1	9	8	7	6	2	5	3	4
2	6	3	4	9	5	8	1	7
8	7	2	5	3	4	6	9	1
3	1	9	6	7	8	4	5	2
6	4	5	9	2	1	7	8	3
5	8	1	2	4	6	3	7	9
9	2	6	3	8	7	1	4	5
7	3	4	1	5	9	2	6	8

134

3	2	4	8	1	9	7	5	6
8	9	1	7	5	6	4	3	2
5	6	7	2	3	4	9	8	1
4	7	2	1	9	8	3	6	5
9	1	3	5	6	7	2	4	8
6	5	8	3	4	2	1	7	9
7	8	6	4	2	1	5	9	3
2	4	5	9	8	3	6	1	7
1	3	9	6	7	5	8	2	4

135

4	1	7	6	8	2	9	3	5
3	9	2	4	5	1	8	7	6
6	5	8	3	7	9	2	4	1
1	2	6	8	3	5	7	9	4
5	8	4	1	9	7	3	6	2
9	7	3	2	4	6	1	5	8
8	3	5	9	1	4	6	2	7
7	6	9	5	2	8	4	1	3
2	4	1	7	6	3	5	8	9

136

4	2	1	8	6	7	3	9	5
9	5	3	2	1	4	7	8	6
6	7	8	5	3	9	1	2	4
8	3	6	7	5	1	2	4	9
7	9	4	6	2	8	5	1	3
5	1	2	9	4	3	8	6	7
3	4	9	1	7	2	6	5	8
2	8	5	3	9	6	4	7	1
1	6	7	4	8	5	9	3	2

Solutions

137

6	8	7	1	2	4	3	9	5
9	3	2	5	6	8	7	4	1
4	1	5	9	3	7	6	2	8
1	5	9	2	7	3	8	6	4
8	4	3	6	9	5	2	1	7
7	2	6	4	8	1	5	3	9
5	6	1	8	4	2	9	7	3
2	7	8	3	1	9	4	5	6
3	9	4	7	5	6	1	8	2

138

3	7	5	2	1	4	9	6	8
8	9	6	5	3	7	2	1	4
2	1	4	6	8	9	5	7	3
5	6	3	9	7	8	1	4	2
7	4	9	1	5	2	3	8	6
1	2	8	4	6	3	7	9	5
9	8	7	3	4	5	6	2	1
6	5	2	8	9	1	4	3	7
4	3	1	7	2	6	8	5	9